CREATIVIDAD

para todos

por
Kathryn P. Haydon
y
Jane Harvey

Título original: Creativity for everybody
Traducción: Nacho Arrizabalaga González y Martha Chávez Negrete

Copyright © 2016 Sparkitivity, LLC y Jane Harvey
Todos los derechos reservados. Este libro o cualquier parte del mismo no puede ser reproducido o utilizado de ningún modo sin el consentimiento expreso y por escrito de la editorial, excepto en el caso de breves referencias mencionadas en críticas o artículos literarios.

Impreso en los Estados Unidos de América

ISBN 978-0-9963856-8-8

Publicado por Sparkitivity, LLC
Nueva York

Arte y diseño por Jane Harvey
Fotografías © Molly Gibbs (excepto pág. 30)
Poemas © Kathryn P. Haydon

- Una vez, fui creativo.
- Mi nombre es creatividad.
- Estoy demasiado ocupado.
- La creatividad es algo intangible.

¿CREATIVIDAD?

- Conozco la creatividad. Es arte.
- La creatividad ¿es una ciencia?
- Creatividad es la última palabra de moda, pero ¿qué significa?
- Yo no soy la creativa de la familia.
- No lo entiendo. ¿A qué se debe tanto revuelo sobre la creatividad?
- Me encanta la creatividad. ¡Dime más!

AGRADECIMIENTOS

Hay mucha gente que nos apoyó en el viaje que ha dado como resultado escribir este libro. Molly Gibbs, gracias por contribuir con tu colección de fotografías y por permitirnos compartir tu talento. Katie Gibbs, gracias por tus ánimos y por tu alegría. Jeff y C.J., estamos muy agradecidos por vuestro entusiasmo, paciencia y comentarios perspicaces. Joan Franklin Smutny, eres un faro de luz, encendiendo la creatividad en niños, profesores, y padres de todo el mundo; no hay palabras para agradecer todo lo que has contribuido. Dra. Cyndi Burnett, tu entusiasmo y confianza en nosotras ha sido inestimable. Estamos agradecidas a la familia de El Centro Internacional para los Estudios en Creatividad*, presente y pasado, por llevar la antorcha que facilita el estudio académico de la creatividad.

*The International Center for Studies in Creativity

UNA HISTORIA DE AGRADECIMIENTOS

Esta traducción al español tiene su propia historia especial. Es un regalo para el mundo de habla hispana que nos ha hecho nuestro querido amigo, Nacho Arrizabalaga. Cuando Nacho leyó nuestro libro en inglés *Creatividad para todos*, nos envió un mensaje de inspiración y urgente diciéndonos que iba a traducir nuestro libro al español. Al ver ahora su esfuerzo convertido en realidad, seguimos impactadas por su generosidad y por la amistad que mantenemos desde hace muchos años.

Traducir poesía, no obstante, es un arte totalmente diferente, y fue el profesor de literatura latino-americana preferido de Kathryn, el Dr. Humberto Robles, el que amablemente nos puso en contacto con Martha Chávez Negrete en Ecuador. A pesar de no conocernos personalmente a ninguna de las dos autoras, Martha amablemente puso su talento a trabajar e hilvanó con dulzura los poemas en su lengua materna.

Muchos otros, entre ellos el Dr. John Cabra y Marta Villanueva, apoyaron y leyeron las versiones preliminares de esta edición en español. Les agradecemos a todos ellos que crean en este libro y también su dedicación para traer al mundo esta primera versión internacional, en lengua española.

CREATIVIDAD para todos

Creatividad es
una palabra
tan familiar
que creerás
saber lo que significa,
igual que *reconoces*
al tipo de chico
que lleva pelo largo
y mechón azul,
para luego sorprenderte
al hurgar un poco más y
hallar un alma
de tenues
líneas doradas.
La creatividad
es lo mismo.

Piensas en manualidades
y madera tallada,
luego en Monet y Bach,
como si sólo
una hermandad reducida
la poseyera;
una lejana aspiración
de hacer plié
en el ballet o
de convertirse
en la última revelación
del pop
que a fin de cuentas
es una
mentira que solías
decir si te preguntaban
"¿qué quieres ser
de mayor?"
Pero cuando
hurgas más allá,
te sorprende
encontrar una
fuente inagotable que
es tu capacidad
de pensar,
borbotones de agua
fresca que alimentan
las ondas de
un riachuelo.
Te agachas,
tus palmas en cuenco,
y tomas un sorbo
largo, fresco:
resurgimiento;
es tuyo,
eso es
la creatividad.

CONTENIDOS

¿POR QUÉ LA CREATIVIDAD?	7
UNA INVITACIÓN	9
LO QUE LA CREATIVIDAD NO ES	11
CREATIVIDAD ES CAMBIAR DE PERSPECTIVA	13
CREATIVIDAD ES PENSAR	15
CREATIVIDAD ES LIBERTAD	19
LA CREATIVIDAD ES ESENCIAL	21
LA CREATIVIDAD ES PERSONAL	23
TU CREATIVIDAD	25
CARACTERÍSTICAS	27
PRACTICAR LA CREATIVIDAD	31
APERTURA	33
INVESTIGAR	35
ENCONTRAR EL SIGNIFICADO	37

LA CREATIVIDAD SE HACE MÁS FÁCIL	41
ECOSISTEMA	45
GENTE	49
FORTALEZAS MAL ETIQUETADAS	51
IDEAS	53
EXPRESIÓN	55
CUIDAR LAS IDEAS	57
JUZGAR IDEAS	59
COLABORACIÓN	61
PROCESO	63
ENTORNO	65
RESULTADO	67
YENDO MÁS ALLÁ	69
PROFUNDIZA MÁS	70

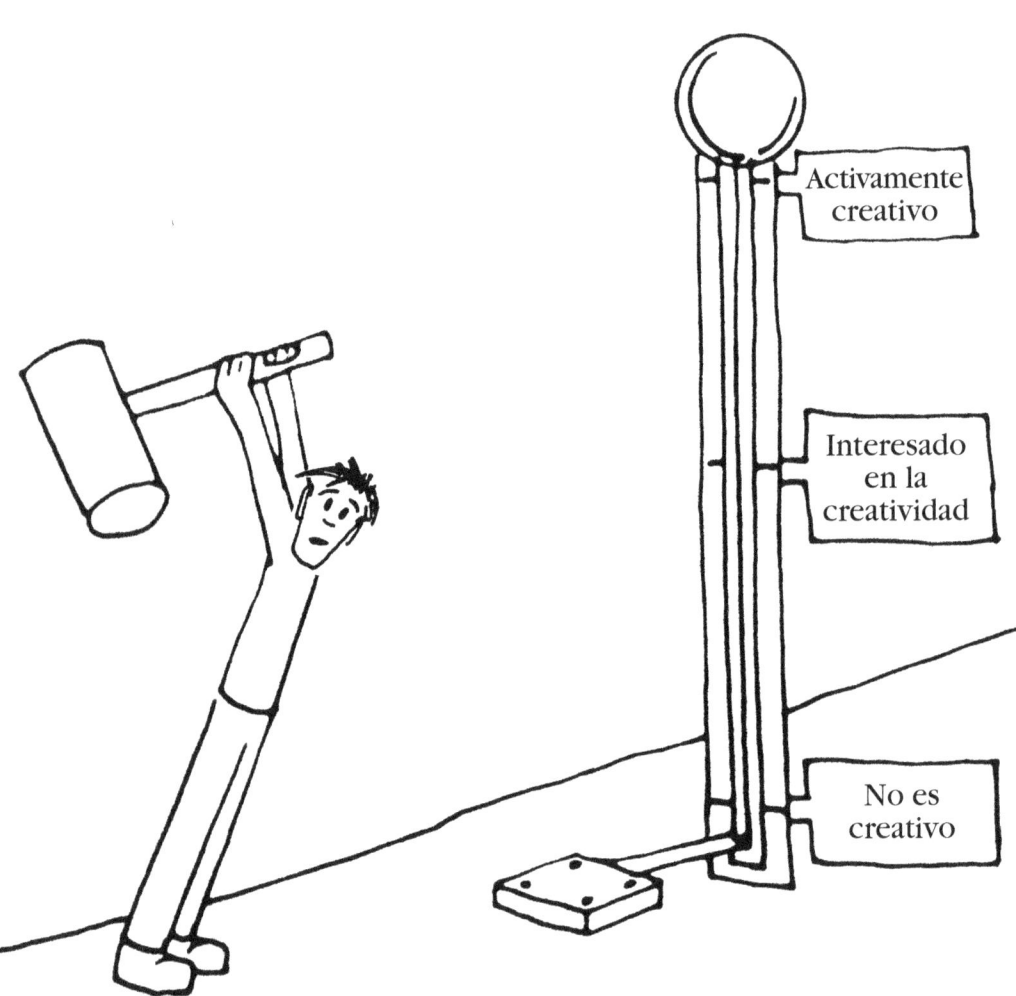

¿POR QUÉ LA CREATIVIDAD?

¿Te das cuenta de que la creatividad es uno de tus principales superpoderes? Simplemente ser consciente de lo que significa la creatividad puede ser transformador. Te puede ayudar a navegar a través de obstáculos, a mejorar tus relaciones y a conectarte con lo que da sentido a tu vida, bien en casa, en el trabajo o en la escuela.

Con tres cuartas partes de un siglo de investigación ya sabemos que la creatividad, efectivamente, pertenece a todos. Desafortunadamente, abundan los mitos sobre la creatividad y estos malentendidos nos frenan como individuos y como comunidad mundial, en el sentido amplio de la palabra. Este libro ofrece un resumen rápido sobre lo que conlleva la creatividad. Tanto si actualmente te identificas como creativo o no, puedes utilizar la creatividad para obtener un crecimiento positivo, un cambio, o para innovar.

Si te oyes a ti o a otros decir, "nunca podría hacer eso," intenta responder con, ¿Qué es lo que tú puedes hacer?

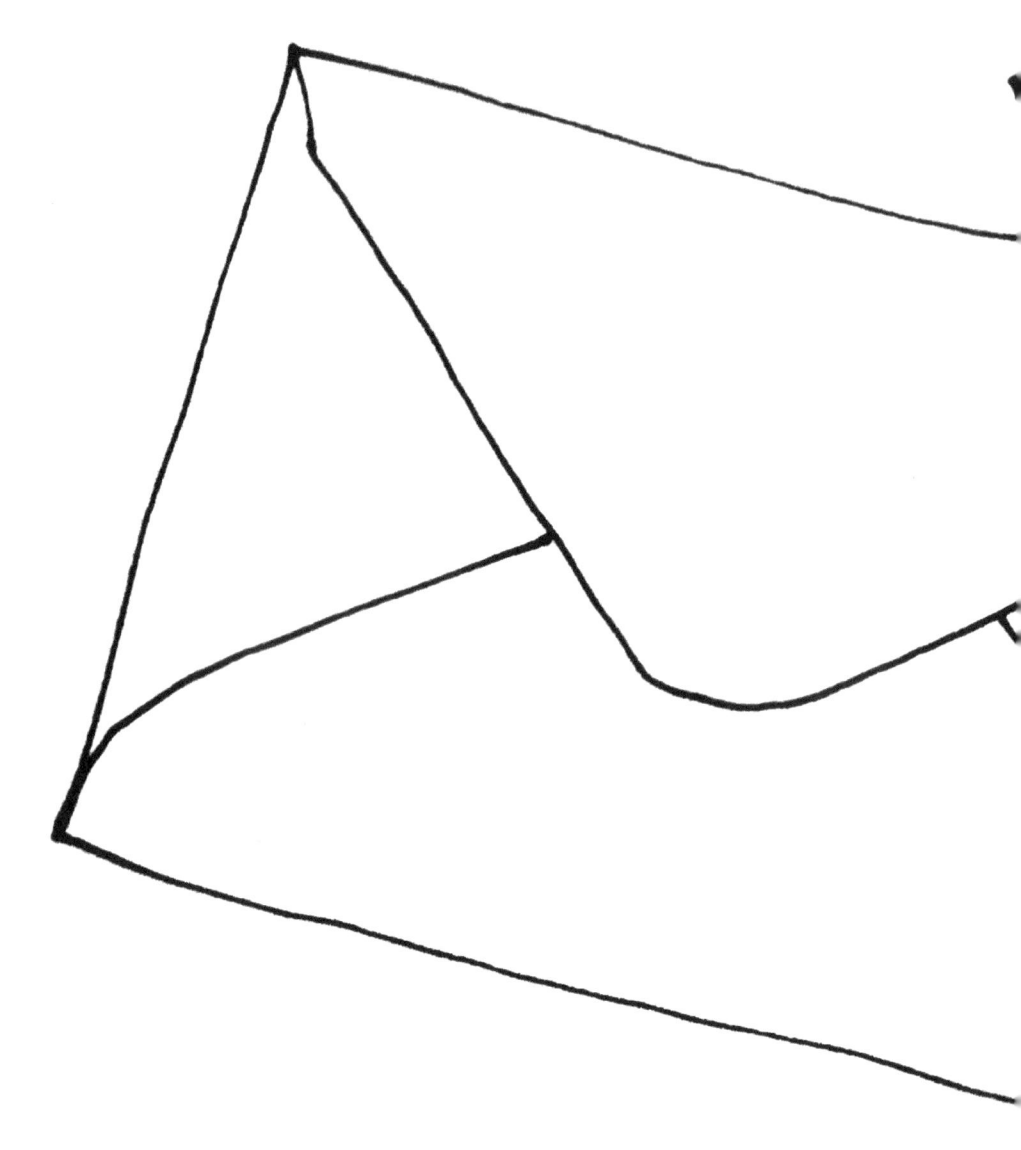

UNA INVITACIÓN

Aprender sobre creatividad debiera ser una aventura que tú elijas. Por eso hemos estructurado este libro en dos partes. La primera sección está diseñada para que resuene contigo en lo personal y te llegue en pequeños bocados que van introduciendo diversos conceptos, evitando utilizar palabras demasiado académicas. Esperamos que lo encuentres inspirador y que te enganche. La segunda sección, "Profundiza Más", refuerza cada página con notas y referencias tras décadas de investigación sobre la ciencia de la creatividad.

Te invitamos a comenzar tu excursión leyendo este libro de la manera que tú elijas: de principio a fin, saltando entre las dos secciones, abriendo páginas sin un orden aparente o leyendo las anotaciones laterales. Este no será el único libro que leas sobre la creatividad, pero esperamos que te permita tomar las riendas de tu propio pensamiento creativo y que potencie la creatividad de otros a tu alrededor.

Sé curioso,

Jane y Kathryn

Si lees este libro de lado, encontrarás una serie de notas breves y de recordatorios.

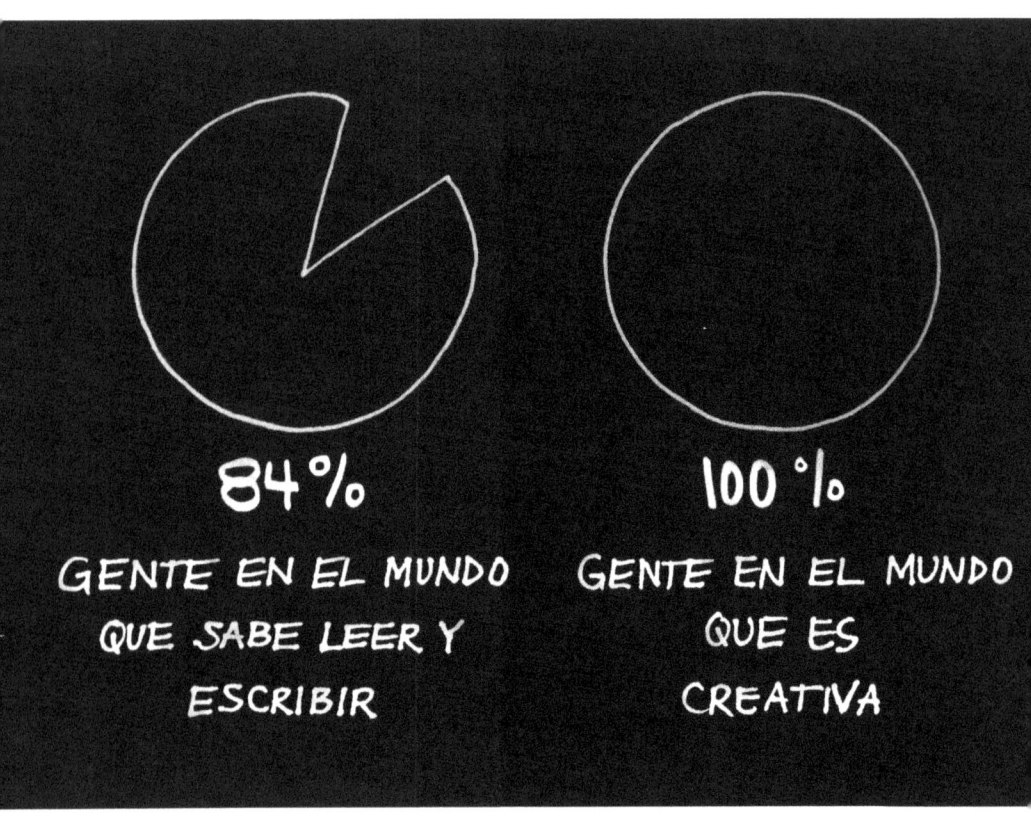

"La creatividad es tan importante en la educación como la alfabetización, y por eso debemos tratarla con la misma importancia ..." —Sir Ken Robinson

LO QUE LA CREATIVIDAD NO ES

Comencemos con lo que la creatividad *no* es.

No es propiedad de las artes, de las ciencias, de los genios, o de la fama. No es exclusiva de gente como Mozart, Isabel Allende, Thomas Edison y Pablo Picasso. De hecho, todo el mundo es creativo.

Todos utilizamos la creatividad en nuestra vida diaria, en todo momento.

TARJETA DEL CLUB

SU NOMBRE AQUÍ _____

CREATIVIDAD

Los niños son creativos. También lo eres tú, sólo que te olvidaste. No tienes que ser un artista para ser creativo.

CREATIVIDAD ES CAMBIAR DE PERSPECTIVA

La creatividad requiere nuevas perspectivas para liberarse de los hábitos, de lo que asumimos y de las respuestas automáticas. Al observar activamente, al darnos cuenta, al encontrar patrones, al sentir incongruencias y al hacer conexiones, nuestros pensamientos cambian. Volver a pensar lo que ya sabemos nos ayuda a obtener nuevas perspectivas.

La creatividad es la habilidad de pensar diferente para encarar y superar retos. Para obtener resultados diferentes, más favorables, debemos mirar de nuevo. ¿Cómo alcanzamos otro modo de pensar para resolver problemas de una manera diferente? De eso es lo que trata este libro, pero primero queremos enfocarnos en tu propia habilidad creativa.

Intenta pensar como si fueras otro: un extraterrestre, una roca, un gato extraviado, una profesora de matemáticas.

creatividad es
creatividad es
creatividad es
creatividad es
creatividad es
pensar
pensar
pensar
pensar

CREATIVIDAD ES PENSAR

¿Has improvisado cuando intentabas arreglar algo? ¿Se te ha ocurrido alguna forma de hacer que rinda más tu dinero? ¿Has encontrado alguna forma nueva de usar algo comprado en un mercado? ¿Has pensado en la manera de explicar un concepto complejo a un niño?

En cada caso, utilizaste tu pensamiento para resolver un problema de un modo que aporta valor y de un modo original para ti o para alguna otra persona. Eso es la creatividad.

La historia de Silvia en la próxima página ilustra que cuando falta lo que da sentido, o falta originalidad, no se está utilizando la creatividad—incluso si se está involucrado en el mundo de las artes.

No necesitas gastar dinero en nuevos accesorios para aprender a pensar creativamente. Todo lo que necesitas es tu cerebro.

CREATIVIDAD ≠ LAS ARTES

En general, existe el concepto erróneo de que la creatividad solamente se expresa en ámbitos como la música, el arte, o el teatro. Silvia experimentó que las artes no necesitan creatividad en todo momento. Licenciada en teatro y recién terminada la universidad, Silvia se mudó a la ciudad de Nueva York. En su primera prueba de actuación, consiguió el papel de reemplazo en la obra Algo Gracioso Ocurrió Camino al Foro* para la primera gira nacional de este espectáculo. ¡Estaba eufórica! El teatro había sido su mayor espacio creativo durante toda su vida académica y ahora estaba viviendo su sueño. Utilizó su creatividad para aprender su papel, pero muy rápido se enfrentó a una dura lección. Mientras representaba la obra 189 veces en 81 ciudades durante seis meses, se dio cuenta de que su trabajo era

ejecutar su papel perfeccionado con la práctica. Se sentía como un engranaje de una rueda y su trabajo le requería más conformidad que pensamiento original por su parte.

Tras esa experiencia, Silvia se enfrentó a una encrucijada en su vida donde decidió seguir una carrera que le ayudara a entender y a practicar de una manera más profunda el pensamiento creativo. Para ella, fue importante descubrir que el pensamiento creativo le llenaba más que las actuaciones.

*A Funny Thing Happened on the Way to the Forum

Aunque la creatividad no está limitada a las artes, las artes potencian la creatividad. ¿Hay algo que quieras intentar?

CREATIVIDAD ES LIBERTAD

Necesitamos libertad para pensar con creatividad. El simple reconocimiento de que cada uno poseemos la habilidad de pensar por nosotros mismos es el primer paso para reclamar nuestra propia libertad creativa.

Creatividad *es* libertad, porque nos da nuevas ideas y opciones para resolver problemas. Cuantas más opciones tengamos, más libres somos.

En esencia, la creatividad es tu poder como individuo para pensar, aprender y crecer.

"Todo lo que es realmente grande e inspirador está creado por el individuo que puede trabajar en libertad." —Einstein

Libertad

El diccionario de la academia dice que libertad es no estar sujeto a restricciones. Sin duda estoy de acuerdo, pero añado que libertad es conocerse a uno mismo.

No puedes liberarte antes de que te conozcas.

Antes de saber que tiene alas, un ave no volará.

Nada más tomar conciencia de que están ahí, las despliega y tiene fe en que lo sostendrán mientras surca el viento.

LA CREATIVIDAD ES ESENCIAL

La creatividad siempre ha sido esencial para la supervivencia del hombre. Las culturas, sean indígenas o modernas, la han utilizado para adaptarse a su entorno cambiante a través del tiempo. La conexión entre creatividad y supervivencia fue documentada en un estudio de investigación en los años 1950 para entender por qué sólo un escaso número de pilotos de guerra eran los que más éxito tenían. Los pilotos exitosos empleaban las características claves del pensamiento creativo, incluyendo la imaginación, la inventiva, la originalidad, la flexibilidad, la valentía, asumir riesgos y tomar decisiones rápidas. La creatividad continúa siendo un asunto de supervivencia mientras navegamos a través de un entorno en permanente cambio tecnológico.

Debemos animarnos a asumir riesgos sensatos. El juego y la confianza sirven de ayuda cuando se prueban cosas nuevas.

LA CREATIVIDAD ES PERSONAL

Para sobrevivir y prosperar, necesitamos comenzar con lo que tenemos. Todos tenemos fortalezas únicas que ofrecer. Las tenemos porque somos humanos.

Tu individualidad es tu poder. Pero para utilizarla, tienes que saber lo que es. Tienes que conocer qué es lo que te ilusiona.

Cuando trabajamos con la creatividad, siempre empezamos desde el punto de partida de las fortalezas. Esto puede parecer obvio, pero vivimos en un mundo que está preguntando constantemente, "¿qué falla en ti? y ¿se puede corregir?"

Las fortalezas sirven de palanca. Si no consideramos primero las fortalezas, no tenemos nada con lo que afrontar los problemas con eficacia. Es como intentar hacer un balancín sin la sección de en medio.

Reconoce el valor de que eres único como individuo. Solamente tú ves y piensas como tú lo haces.

TU CREATIVIDAD

Alejémonos y obtengamos una vista aerea de ti. Eres una persona con una composición única de fortalezas, valores, motivaciones y objetivos. Una vez que seas consciente de ésto, puedes "utilizar lo que tienes para obtener lo que quieres," citando las propias palabras de un amigo.

La gente manifiesta su creatividad de modos diferentes. No preguntemos, "¿Eres creativo?" sino que en vez de eso preguntemos, "¿De qué formas eres creativo?"

Comienza mirando hacia adentro. ¿Has identificado alguna vez tus valores, motivaciones y objetivos?

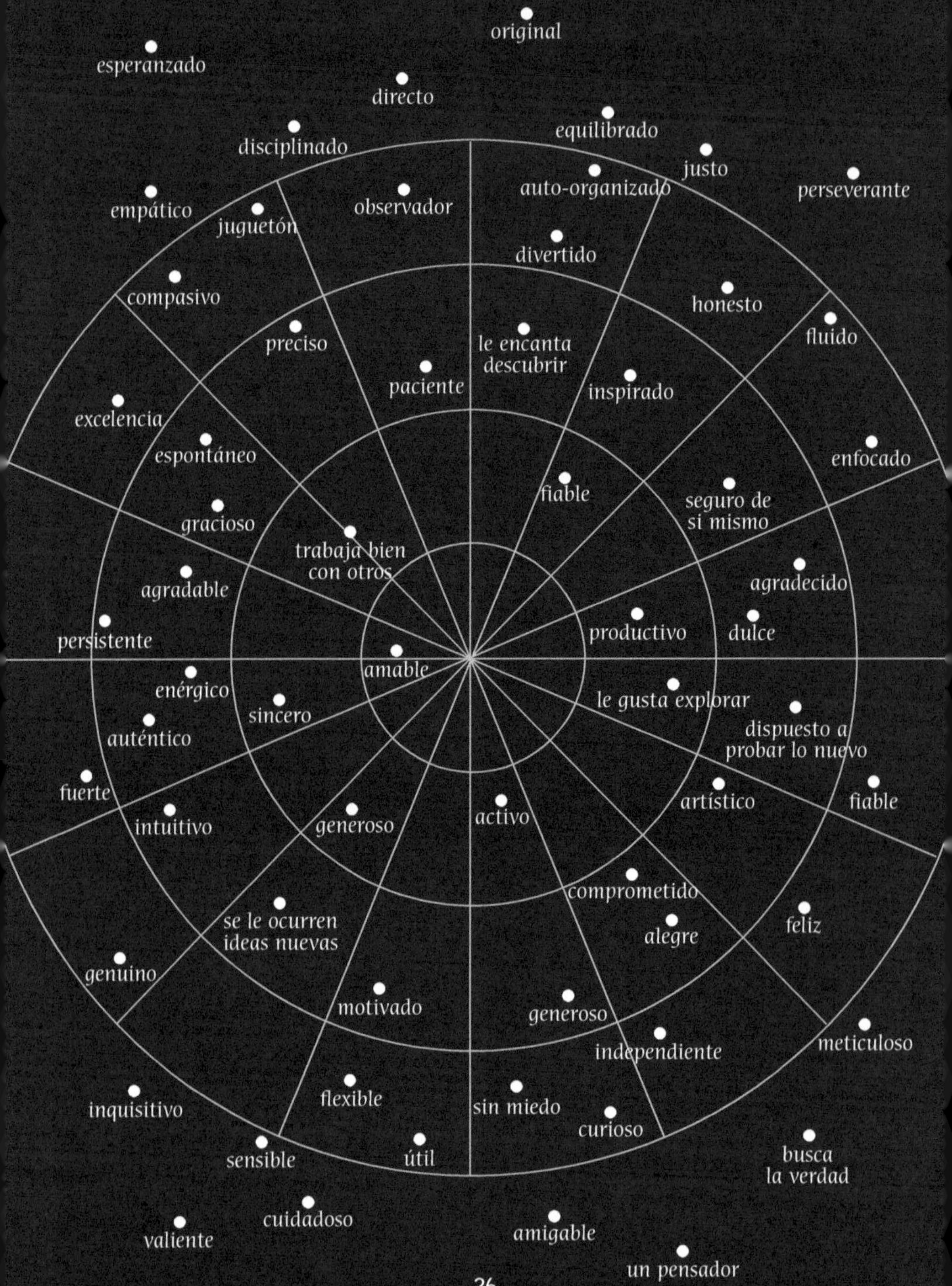

original
esperanzado
directo
equilibrado
disciplinado
justo
auto-organizado
perseverante
empático
observador
juguetón
divertido
compasivo
honesto
fluido
preciso
le encanta
descubrir
paciente
inspirado
excelencia
espontáneo
enfocado
fiable
gracioso
seguro de
si mismo
trabaja bien
con otros
agradable
agradecido
persistente
productivo
dulce
amable
enérgico
le gusta explorar
sincero
auténtico
dispuesto a
probar lo nuevo
fuerte
artístico
fiable
intuitivo
activo
generoso
comprometido
se le ocurren
ideas nuevas
alegre
feliz
genuino
motivado
generoso
meticuloso
independiente
inquisitivo
flexible
sin miedo
curioso
sensible
útil
busca
la verdad
cuidadoso
amigable
valiente
un pensador

CARACTERÍSTICAS

La creatividad individual es única. Muchas de las cualidades son parte de todos nosotros, pero algunas brillan más o se encienden según diferentes estímulos.

¿La figura de la izquierda te recuerda a una noche estrellada? Imagínate que cada una de las características es una estrella, e identifica aquellas que brillan más fuerte para ti. Marca tantas como desees, e imagina líneas que las conecten, formando tu propia constelación creativa y única. Piensa también en tus hijos, en tus empleados, en tus estudiantes o en gente nueva que conozcas.

Ser consciente de las constelaciones creativas es un punto de partida para emplear la creatividad y reconocerla en otros. La historia de Amanda en la siguiente página explica cómo aprovechó las fortalezas de sus empleados para transformar su organización.

Galaxia de polvo interestelar

Eres la noche
de estrellas
titilantes
que colman
la atmósfera.
Mis ojos se adaptan
y el brillo
nebuloso
arroja constelaciones,
marca puntos de luz,
traza un sendero:
tu poder
para dar.

APROVECHANDO LAS FORTALEZAS EN EL TRABAJO

Amanda comenzó a trabajar en una empresa de 45 personas como directora de mercadotecnia. Esta empresa familiar tenía una trayectoria de 30 años, pero los empleados claramente no estaban aprovechando su potencial. El personal no estaba inspirado y no trabajaba como un equipo. ¡No habían tenido ni una reunión de equipo en años! Lo primero que hizo Amanda fue reunirse con las personas individualmente para determinar sus fortalezas, motivaciones y objetivos. Reorganizó el grupo basándose en estos factores. Su jefe le apoyó y le animó con sus decisiones.

Ahora, el equipo es más productivo, está más motivado y es más responsable. Progresan porque aprenden juntos, celebran públicamente los éxitos, e identifican oportunidades de formación. Conociendo los objetivos de todos a largo y corto plazo, Amanda puede asignar proyectos especiales alineados con las habilidades y las aspiraciones de

cada uno, en vez de basados en la proximidad, la amistad, la reputación, o en otros precedentes. Se realizan reuniones periódicas semanales para tener una visión general del negocio, priorizar actividades y hacer seguimiento del éxito obtenido.

La energía y el impulso de estos cambios han sido tremendos. Ahora se comparten con otros equipos descripciones de puestos de trabajo, ejemplos de motivación en cada equipo y datos que muestran la evolución y el progreso obtenido. Los empleados están contentos, toman más iniciativa y hablan sobre todo esto. Los equipos han evolucionado y ahora planifican, en vez de reaccionar sobre cosas ya hechas. La gente está más animada para ir a trabajar y para enfocarse en aquellos esfuerzos que aumentan los ingresos del negocio. Esta transformación del lugar de trabajo comenzó con un enfoque en las fortalezas individuales.

Descubre qué es lo que te encanta hacer. ¿De qué formas puedes incorporarlo en casa, en el trabajo, o en la escuela?

PRACTICAR LA CREATIVIDAD

Como cualquier habilidad, la creatividad se puede desarrollar y mejorar. Como todo, requiere práctica. La gente a la que se considera muy creativa practica estas características con naturalidad. Piensa en Pelé y en el fútbol. Puede haber comenzado con talento, pero ten en cuenta cuántos ejercicios, entrenamientos y partidos le llevaron a sus 1281 goles marcados durante toda su carrera futbolística.

Para practicar la creatividad, puedes empezar explorando las características creativas. La curiosidad es un punto de acceso fácil porque es una puerta abierta que lleva directamente al pensamiento creativo. Todos tenemos una noción de qué significa y al menos un recuerdo distante desde la infancia. La curiosidad conlleva un sentido de sorpresa, de exploración, de búsqueda y de investigación. La curiosidad refuerza el aprendizaje constante y refresca la inspiración.

De la foto, prueba una palabra diferente cada semana. Toma nota de lo que haces y reflexiona.

COMETER ERRORES ESTÁ BIEN LO DESCONOCIDO INTUICIÓN

PERSPECTIVA POSIBILIDADES EXPLORAR NOVEDOSO

APERTURA

Una de las claves para practicar la curiosidad es la apertura. La apertura requiere explorar lo desconocido, no resolviendo el problema en el momento y estando abierto a nuevas ideas, posibilidades y al cambio. Consiste en poner a un lado pensamientos como "esto nunca va a funcionar," hasta que te hayas tomado el tiempo de generar y de explorar muchas ideas nuevas.

Plantéate estar abierto al hecho de que puede que no estés en lo cierto o de que haya más de una forma de hacer las cosas. Mantener una mente abierta conduce a observaciones creativas.

¿Cuáles son todas las formas en las que puedes ir más allá de tu zona de confort y de tu rutina? (Pista: prueba algo nuevo.)

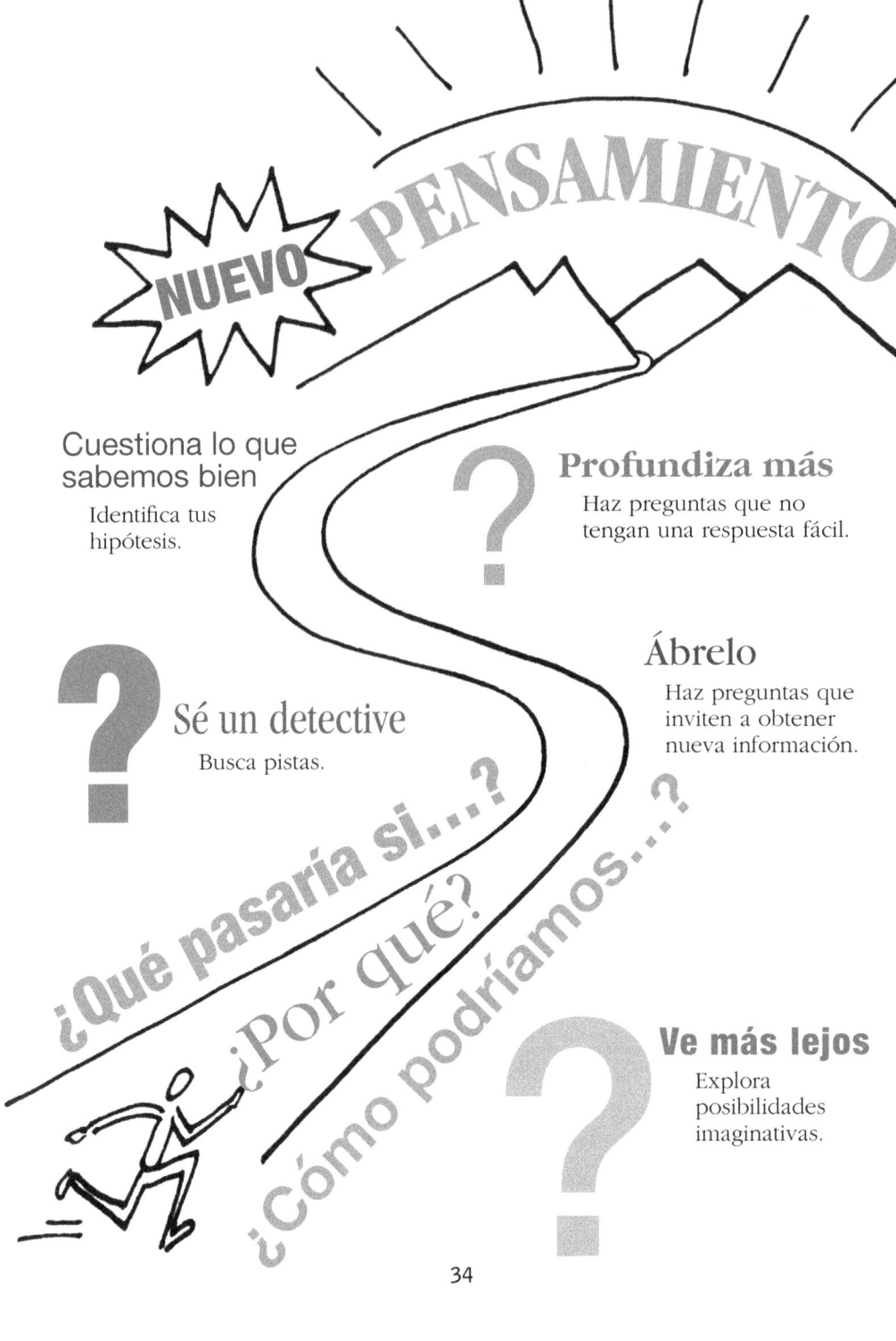

INVESTIGAR

Estar abiertos a aprender lo que no sabemos prepara el camino para investigar. Como individuos, padres, trabajadores y profesores, no necesitamos tener todas las respuestas. Hay veces que aprendemos más cuando no sabemos la respuesta y participamos en descubrirla.

Para hacer esto, tenemos que ser conscientes de cómo hacemos preguntas. Las preguntas más comunes ya tienen una respuesta 'conocida': "¿Qué temperatura hace?" o "¿A qué hora es la reunión?" Preguntas como estas no requieren creatividad. Pero, para involucrar a la gente y hacerla participar en resolver problemas de un modo innovador, necesitamos modificar algo nuestras palabras y hacer preguntas abiertas que inviten a nuevas formas de pensar.

Escucha atentamente para encontrar las preguntas que llevan al descubrimiento, tanto por la pregunta, como por la respuesta.

ENCONTRAR EL SIGNIFICADO

Encontrarle significado a lo que haces es importante para practicar la creatividad. Puede estar relacionado con lo que disfrutas hacer, con conexiones personales, con tu misión o con un deseo de dar.

Realizar una y otra vez los movimientos habituales de una tarea repetitiva, tal como preparar el almuerzo escolar, puede empezar a resultar mecánico. Conectar con una visión más amplia (como el amor por nuestros hijos) podría estimularnos a hacer algo más significativo (como escribir una nota especial o incluir una comida sorpresa), lo cual nos ayuda a encontrar motivación.

A menudo pasamos por alto la necesidad que tiene un empleado o un niño, de encontrar su identidad individual, su visión o su razón de ser dentro de esa organización o de la escuela. La historia de Isabella, en la siguiente página, muestra cómo encontrar sentido a lo que uno hace puede cambiarte la vida.

Ser consciente de nuestra visión o pasión puede ayudarnos a superar las cosas que no nos gusta hacer.

ENCONTRAR EL SIGNIFICADO ENCIENDE LA CHISPA DEL ÉXITO

Cuando estaba en tercer grado, la profesora de Isabella comenzó a preocuparse. La escritura de Isabella era descuidada, aspectos de matemáticas le costaban y participaba poco en clase. Sus padres también se preocuparon, pero no pensaban que pasaba nada malo con Isabella. En casa, veían a una niña curiosa, automotivada, a quien le gustaba aprender, especialmente sobre dinosaurios. Su intuición les decía que necesitaban potenciar las fortalezas y los intereses de Isabella.

A Isabella le encantaba la ciencia y comenzó a asistir a clases de ciencia después de la escuela, donde demostró ser una estudiante involucrada y productiva. Sus padres continuaron apoyando su interés en ser una paleontóloga y pronto le pidieron que preparara una clase práctica sobre dinosaurios para los más pequeños. La forma de enseñar de

Isabella involucraba a los niños de una manera que tenía sentido para ellos y con la que aprendían activamente durante una hora. Ella estaba en quinto grado. Esta experiencia le llevó a lanzar su propio negocio dando clases sobre dinosaurios a otros niños.

A los 13 años, Isabella ya había trabajado en el laboratorio de dinosaurios del Museo de Historia Natural de Los Ángeles, había ganado premios y becas por sus experimentos e incluso había sido invitada a conocer a científicos de prestigio. Isabella trabajó mucho en la escuela y tuvo éxito. Impulsada por el sentido que encontró pudiendo hacer lo que le apasionaba –y por la dedicación de sus padres– superó las percepciones iniciales que le podrían haber limitado.

A muchos niños les gusta la variedad y pueden no tener un interés enfocado. Déjales explorar y cambiar sus intereses.

LA CREATIVIDAD SE HACE MÁS FÁCIL

No siempre es fácil ir contra corriente y resistir las líneas típicas de pensamiento. Pensamientos nuevos y diferentes pueden causar malestar a otras personas. Como la creatividad saca chispas que provocan cambio y la gente tiende a sentirse incómoda con los cambios, entonces se suelen resistir a la creatividad.

La creatividad requiere compromiso. A veces es incómodo quedarse sólo con la idea original, pero se hace más fácil al ir sintiendo confianza en que nuestras ideas aportan valor. La valentía, la pasión interna, la visión y el sentir que tenemos un propósito, hacen que avancemos. Aprender de los errores nos hace más fuertes. ¡Imagínate si los inventores y los agentes de cambio del mundo se hubieran dado por vencidos y hubiesen pasado desapercibidos!

El piso 95

El ascensor está lleno de DEBIERAS. Los botones ya todos encendidos pero se suben más en cada piso, gritan, susurran, charlan, saturando el espacio de expectativas. Llegamos al vestíbulo y me siguen sinuosamente, haciendo la conga a través de la puerta giratoria hasta salir a la calle. Alzo la vista y respiro hondamente, complacida de que las nubes estén caminando por el cielo, centradas en lo suyo.

TENER VISIÓN NOS HACE AVANZAR

Igual que el león en El Mago de Oz, Tomás se sentía que le faltaba valentía. Pero una vez que aprendió el poder del pensamiento creativo para construir equipos más fuertes que estimulan la innovación, se le encendió su automotivación. Se convirtió en uno de los gerentes más valientes de una gran compañía de miles de millones de dólares.

¿Qué le llevó a Tomás a superar sus intensos sentimientos de vulnerabilidad, miedo, e insignificancia para liderar una revolución creativa dentro de su empresa? Los prejuicios típicos en contra del pensamiento creativo estaban presentes como de costumbre, pero lo que le propulsó fue una visión fuerte y clara de que había que colaborar y potenciar la creatividad de una manera intencionada, en toda la empresa. A veces, la resistencia desde afuera era tan fuerte que casi se dio por vencido. Pero

fiel a su visión y manteniéndose conectado a los aliados que le apoyaban, le fue posible encontrar la motivación incluso tras frustrantes contratiempos.

Tomás ha realizado un avance increíble trabajando con equipos internos en el pensamiento creativo y en la resolución de problemas, logrando innovaciones del producto. Y aún más, recuperó y practicó la creatividad valiente que ya poseía. Al encontrarla, él y sus compañeros han experimentado la satisfacción y la euforia al notar su desarrollo y transformación personal.

La creatividad no es instantánea. Lleva esfuerzo y tiempo. Comprométete a llevarla a cabo.

ECOSISTEMA

No vives en una isla. Esto hace que la creatividad sea tanto una alegría como un reto. Tener la oportunidad de colaborar creativamente con gente que valora pensamientos nuevos es divertido. Cuando las fuerzas que te rodean parecen ir en tu contra, requiere más persistencia.

Tu ecosistema involucra a la gente con la que interactúas, la forma en la que se hacen las cosas, la cultura y el entorno, tanto físico como mental. A menudo, estos componentes se resisten al cambio. Lo que funciona bien para una persona puede que no sea lo ideal para otra. Ser consciente tanto de las fuerzas positivas como de las negativas que afectan a la creatividad, te ayudará a gestionar tu ecosistema para obtener un crecimiento creativo exitoso.

Identifica fuerzas internas y externas que impiden o refuerzan tu habilidad para contribuir con pensamientos originales.

ECOSISTEMAS POSITIVOS

Roberto siempre ha vivido y respirado características creativas, incluyendo pensamientos originales y habilidades para resolver problemas. Antes, durante sus años escolares, no estaba realmente involucrado y no era un estudiante ejemplar. Siempre estaba trabajando en ideas nuevas que tenía en mente y no veía la necesidad de adaptarse a los métodos educativos más convencionales. Por lo tanto, los profesores no le veían como un alumno particularmente brillante.

Roberto viene de una familia de emprendedores de una pequeña ciudad y desde pequeño ayudaba en la tienda sin crear la expectativa de que algún día se encargaría del negocio familiar. Sus padres le permitieron explorar sus propios talentos e intereses, con bastante libertad. La madre de Roberto siempre vio su chispa y le apoyaba en su necesidad de pensar independientemente y de hacer las cosas a su manera. Aunque su ecosistema escolar

no siempre funcionaba bien para él, su ecosistema familiar era uno de apoyo:

– Sus padres vieron y valoraron claramente sus fortalezas creativas.
– La vida familiar giraba entorno a buscar el crecimiento personal y no a mantener lo tradicional.
– El espacio físico en casa era flexible y podía ser utilizado para exploraciones creativas.
– La familia valoraba y alentaba la expresión y el progreso individual.

Debido al apoyo que recibió de su ecosistema en casa, Roberto pudo llenar su necesidad de explorar creativamente fuera de la escuela a través de sus proyectos construyendo cosas, jugando y con sus aventuras empresariales. Roberto salió adelante, llegó a ser un emprendedor de éxito por sus propios medios y continuó encaminando sus fortalezas para encontrar y desarrollar soluciones creativas.

¿De qué forma puedes ayudar a crear un ecosistema positivo para otros en tu vida?

GENTE

La gente forma parte de nuestro ecosistema y a menudo pueden tener prejuicios contra la creatividad. Se ha demostrado que incluso gente que dice valorar la creatividad (jefes, profesores, padres) reaccionan de hecho negativamente al comportamiento y a los resultados creativos. Qué ironía, ¿verdad? Los productos y las ideas que nacieron de pensamientos creativos y que llegaron a ser esenciales en la vida, fueron casi siempre rechazados cuando fueron lanzados al mercado inicialmente.

Naturalmente, aquellos individuos que aportan pensamientos nuevos podrían ser percibidos como difíciles porque cuestionan las normas establecidas y sentirán presión para adaptarse. Al comenzar a practicar comportamientos creativos y a definirnos por nuestras características creativas, crecemos en nuestras fortalezas únicas y en la confianza de expresarlas con valentía.

¿Has resistido alguna vez un nuevo producto que posteriormente hayas adquirido? Reflexiona sobre tu cambio de pensamiento.

Fuerza Creativa	Visión Negativa
ORIGINAL	DESOBEDIENTE
INDAGADOR CURIOSO	CUESTIONA LA AUTORIDAD
SENTIDO DEL HUMOR	INMADURO FALTA DE PROFESIONALIDAD
ENERGÉTICO	INQUIETO SIN AUTOCONTROL
PENSADOR INTENSO	SUEÑA DESPIERTO
MENTE ABIERTA	INDECISO
LE ENCANTA UN RETO	COMPLICADO PIERDE TIEMPO
NECESITA ESTAR SOLO	ANTISOCIAL CAMBIA DE HUMOR
SENSIBLE	NECESITADO INSEGURO
INVENTIVO	RARO O EXTRAÑO INCONFORME

FORTALEZAS MAL ETIQUETADAS

A veces tenemos que superar malos entendidos de nuestras fortalezas creativas. Por ejemplo, tu inclinación a hacer preguntas para llegar al fondo de las cosas podría parecer como que siempre estás cuestionando la autoridad. O tu deseo de encarar problemas difíciles y no muy bien definidos podría hacer que el trabajo rutinario sea tan doloroso que dejas facturas sin pagar o la tarea de matemáticas sin hacer. Tu sensibilidad e intuición podría hacer insoportable estar en un ambiente donde un jefe o un profesor no te trata con respeto. Si podemos identificar dónde se malinterpretan los comportamientos creativos, podemos aprender cómo asumir responsabilidades con más efectividad y emplear esas características como fortalezas productivas.

Resplandor

Eres una sombra bella,
dicen,
sombra oscura
de árbol,
ramas y tallos
regados
majestuosamente
sobre la nieve,
imponentes
en esta nítida
noche de luna.
Pero no lo entienden.
Soy un cálido rayo de sol
que la luna refleja
y el árbol ataja
para crear la sombra
elegante
de noche y de día.
Caliento la tierra
derrito la nieve.
No soy la sombra,
soy luz.

IDEAS

Las ideas son infinitas y se necesitan nuevas ideas para cambiar, progresar y crecer. Hay una tormenta invisible de ideas rodeándonos a todas horas. Las ideas provienen de nuestros pensamientos y de experiencias únicas que conectamos e intersectamos.

Las ideas no son soluciones y no son opiniones. Son a menudo muy pequeñas y frágiles, o raras e inmensas. Las ideas pueden surgir de un momento de claridad, o de la observación, del trabajo continuo, de experiencias colaborativas, de momentos de descanso, o de escapadas durante un paseo por la naturaleza.

Concebir ideas require práctica y cuanto más practiquemos, más las documentemos y vayamos más allá de lo obvio, más fluidez llegaremos a tener.

¿En qué problema estás trabajando? Rétate a generar 30 ideas para resolverlo.

EXPRESIÓN

Cuando se expresa una nueva idea, nacida de la imaginación, se puede definir como creativa porque en ese momento tiene el potencial de llegar a ser útil y significativa. El pensamiento creativo es activo y genera cambio. Mucha de la creatividad surge al colaborar y construir sobre las ideas de otros.

Las ideas necesitan expresarse. Mucha gente guarda un cuaderno donde capta sus ideas antes de que se les olviden. Esa es una forma de practicar y valorar el pensamiento original. ¿Y quién sabe? Una de tus ideas, garabateada en una página en mitad de la noche, podría contribuir a un cambio positivo.

Asume la responsabilidad de tus ideas. Valóralas. Toma nota de ellas y hazlas realidad.

PRIMERO, GENERA MUCHAS IDEAS	DESPUÉS, EVALUA Y CRITICA LAS IDEAS
Individualmente o colaborativamente, intenta generar ideas y después incluso más ideas todavía . . .	Evalua y categoriza las ideas.
Date la oportunidad de poner también sobre la mesa ideas nuevas y locas. Pueden llevar a la innovación.	Verifica que las ideas estén alineadas con tus objetivos.
Individualmente o colaborativamente, construye sobre las ideas de otros para llegar a ideas nuevas.	Las ideas tienen valor. Intenta encontrar algo bueno en varias ideas.
Espera antes de juzgar o evaluar cualquier idea. Ya habrá tiempo para eso más tarde. Dales primero la oportunidad de existir.	Las ideas siempre se pueden mejorar. No asumas que las mejores ideas surgirán inmediatamente.

CUIDAR LAS IDEAS

En el proceso creativo, hay dos acciones mentales distintas que aportan ideas: generar múltiples ideas y después, evaluar esas ideas para elegir cuáles tienen más sentido según las circunstancias. Es esencial que le demos suficiente espacio y tiempo a estas dos acciones.

Date tiempo para soñar. En la escuela, esto puede suponer tomarte unos minutos para anotar todos los posibles temas sobre los que escribir y después elegir el mejor para tu tarea escolar. Antes de una reunión de negocios, tómate tiempo para generar ideas con las que resolver un reto y espera hasta que se hayan propuesto muchas opciones para evaluarlas.

JUZGAR IDEAS

Si realmente queremos soluciones nuevas y mejores que lleven a la innovación, entonces debemos evaluar ideas con cuidado. Entrenarnos para mirar más allá de las primeras reacciones apoya la creatividad continua y nos ayuda a encontrar las semillas para que se puedan desarrollar más.

Incluso aunque inmediatamente tendamos a ver fallos, podemos *cambiar deliberadamente nuestro pensamiento y comprometernos a encontrar lo positivo.* Prueba a liderar ese camino con: "Lo que me gusta de esta idea es _____." Esto funciona incluso cuando estás evaluando tus propias ideas. Practicar el juicio afirmativo, o positivo, abre las puertas a nuevas posibilidades.

Practica a eliminar "No." Prueba a decir, "Sí y…" en tus respuestas a otros, especialmente cuando no estás de acuerdo.

COLABORACIÓN

Cuando reconoces tus propias fortalezas creativas y practicas la regla de oro de la creatividad, puedes crear una base sólida para obtener crecimiento creativo. Es importante dejar espacio en ti mismo y en otras personas para la creatividad, estar abierto a ella y darle paso. Según vayas buscando tus propios pensamientos e ideas, conecta con otros cuando vuestras motivaciones coincidan parcialmente. Si cada uno de nosotros practicamos nuestra propia creatividad, apoyando a los que nos rodean al reconocer también su creatividad, nos fortalecemos y nos inspiramos unos a otros. En el proceso creativo, hay tiempo y espacio tanto para el pensamiento independiente, como para la colaboración. A veces es un tema de preferencias y a veces, de necesidades, pero ambos son válidos y útiles.

Concéntrico
Todo este tiempo
pensaba que
éramos círculos
dando vueltas por
el cosmos
en nuestras órbitas,
eclipsándonos
de vez en cuando,
mientras avanzamos
por nuestro sendero.
Pero después me
dijiste que somos
colores,
cada uno de nosotros
de una
tonalidad diferente,
todos necesarios,
todos buenos.
Miré de nuevo
y entrecerré los ojos
y nos mezclamos –
reluciendo.
Me enseñaste que
juntos somos uno.

PROCESO

La mejor forma de comenzar con la creatividad es *meterse de un salto:*
- Busca y explora activamente sin generar expectativas.
- Sé receptivo.
- Da la bienvenida a los retos y mantente abierto a lo que puedas descubrir por el camino.
- Dedica tiempo y esfuerzo.
- Experimenta, adáptate, haz ajustes, aprende.
- Ten confianza y no te des por vencido.

Las soluciones surgen de la interconexión entre el pensamiento, la experiencia, la imaginación, la actitud y finalmente, de cómo evaluamos las ideas que generamos. Si bien existen muchas herramientas y procesos a nuestro alcance para ayudarnos, no hay un único camino correcto y tienes que encontrar lo que mejor funcione para ti. Recuerda, todos utilizamos la creatividad a todas horas en nuestra vida diaria; construye sobre lo que ya haces.

ENTORNO

Dijimos antes que la libertad es esencial para el pensamiento creativo y esto tiene que ver totalmente con el entorno físico y mental de una persona. Tanto en una escuela, en una familia, o en una empresa, hay que mantener un equilibrio para permitir la cantidad adecuada de libertad con la que explorar las ideas de cada uno. Este equilibrio se puede establecer a través de la cultura—de cómo se hacen las cosas, de cómo se trata a la gente—o a través del espacio físico. Se trata de darnos y de dar a otros la oportunidad de jugar con ideas y de pensar libremente, tanto colaborativamente como individualmente. Un clima de confianza y de apoyo posibilita la autoconfianza y la valentía para asumir riesgos creativos.

Pregunta a tu alrededor. ¿Cuáles son los entornos creativos ideales de las personas creativas, tanto mentales como físicos?

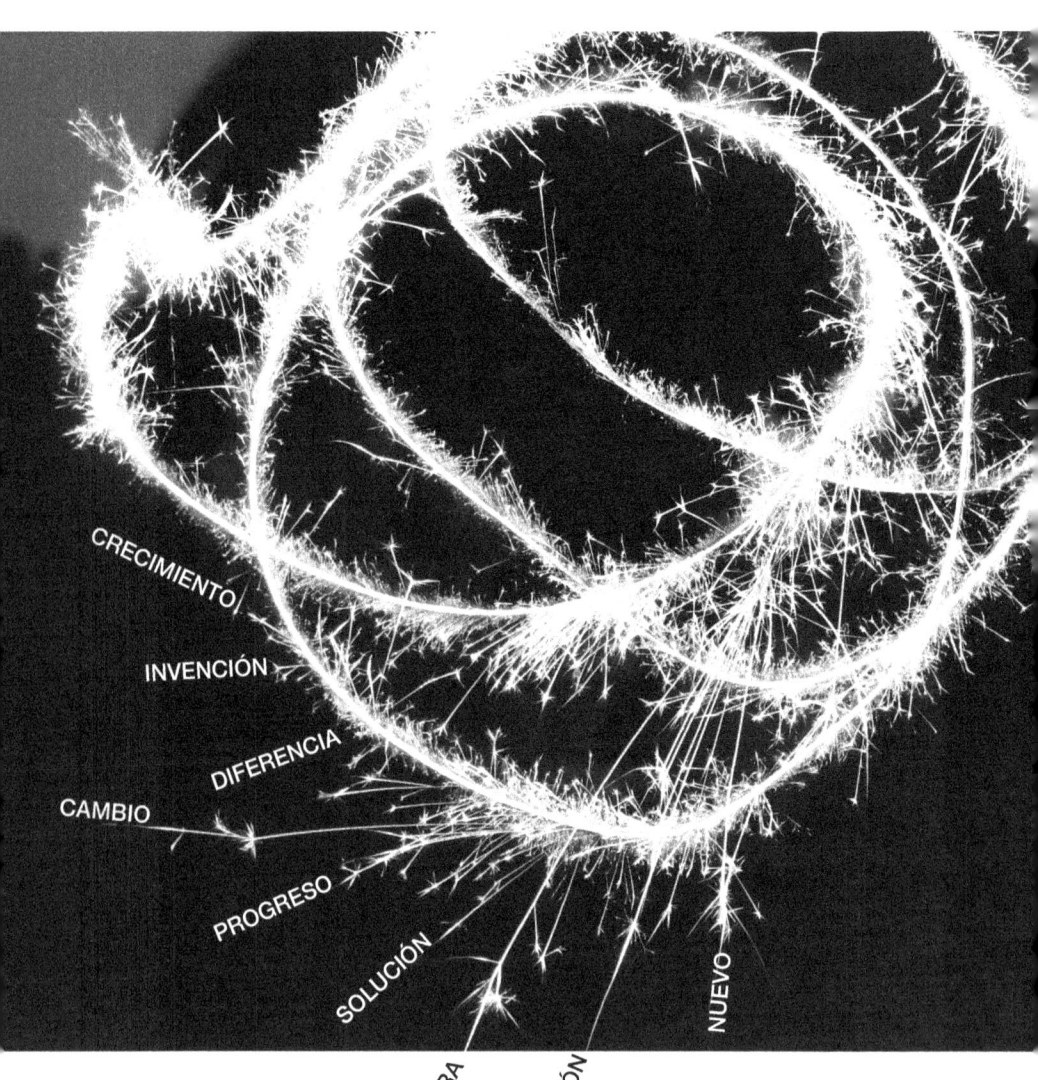

RESULTADO

La creatividad no siempre genera invenciones que cambian el mundo, pero inevitablemente generan algún tipo de cambio una vez que se aplica ese nuevo pensamiento. El resultado podría ser un descubrimiento personal significativo, un enfoque diferente a la paternidad, una solución única para un asunto de la comunidad, o una nueva oferta de servicios en el trabajo. Tanto si la escala es grande como si es pequeña, el resultado del pensamiento creativo lleva a la innovación, al cambio social y al progreso personal.

No siempre tenemos que reaccionar al cambio. Podemos crearlo. Busca las ideas que llevan al cambio. Avanza y genera algunas chispas.

¿Cuáles podrían ser todas las formas en las que tus pensamientos pueden marcar la diferencia? Fíjate cómo tus ideas generan cambio.

YENDO MÁS ALLÁ

La creatividad no ocurre de la noche a la mañana, pero ser consciente de ella—reflexionar sobre lo que piensas y sobre el potencial de tu creatividad—puede ampliar tu perspectiva y abrir nuevas posibilidades. No es magia, pero puede parecer mágico una vez que empiezas a practicar el pensamiento creativo y a percibirlo en otros.

Es hora de preguntarse de nuevo: ¿Te consideras creativo? Esperamos que vayas más allá del "sí," y que ahora tengas varias ideas para responder cuando te preguntes, "¿De qué formas diferentes soy creativo?"

Con pensamientos nuevos, puedes ir más allá de donde has ido hasta ahora. (Esto es un guiño a Ellis Paul Torrance.)

PROFUNDIZA MÁS

La siguiente sección es una colección de notas finales como apoyo académico a cada página del libro. Dado que la investigación sobre la creatividad continúa creciendo, nuestra intención es proporcionar el origen de cada concepto o la referencia al investigador que ha estudiado ese área en profundidad. Estas raíces constituyen la base fundamental del campo de la creatividad. Si estás interesado en aprender más, este es un buen lugar para familiarizarse con parte de la investigación realizada.

6–7 ¿POR QUÉ LA CREATIVIDAD?

Ruth Richards fue la primera en utilizar el término "creatividad cotidiana" (Richards, Kinney, Bener, & Merzel, 1988) y ha escrito ampliamente sobre este tema: "La base de la creatividad cotidiana se define en términos de la originalidad humana en los ámbitos del trabajo y de la diversión durante las distintas actividades de la vida diaria. Se ve como algo central para la supervivencia humana y hasta cierto punto, la creatividad se encuentra (y se debe encontrar) en todas las personas" (Richards, 2010, pág. 190).

Richards, R. (2010). Everyday creativity. In Kaufman, J. C., & Sternberg, R. J., (Eds.), Manual *The Cambridge handbook of creativity* (págs. 189-215). Nueva York (Nueva York): Cambridge University Press.

Richards, R., Kinney, D. K., Benet, M., & Merzel, A. P. (1988). Assessing everyday creativity: Characteristics of the Lifetime Creativity Scales and validation with three large samples. *Journal of Personality and Social Psychology*, 54(3), 476-485.

10–11 LO QUE LA CREATIVIDAD NO ES

La ciencia de la creatividad se ha investigado y estudiado de una forma empírica durante décadas. El estudio académico de campo fue estimulado por un discurso que dio inicialmente J. P. Guilford  a la Asociación Americana de Psicología en 1950. Hubo muchas más investigaciones durante las décadas de los años 1950 y 1960, cuando el lanzamiento Soviético de la nave Sputnik dio un impulso a la innovación en los Estados Unidos a nivel nacional. Guilford y otros investigadores pioneros, demostraron que la creatividad es una forma diferente de inteligencia, no necesariamente medible con tests de Coeficiente Intelectual y que todos somos capaces de actos creativos. Guilford escribió: "Se pueden esperar actos creativos, no importa lo pequeños o infrecuentes que sean, de casi todas las personas. La consideración importante aquí es el concepto de continuidad. Cualquiera que sea la naturaleza del talento creativo, aquellas personas a las que se les reconoce como creativas, meramente tienen más de lo que todos tenemos" (Guilford, 1950, pág. 446).

Guilford, J.P. (1987). The 1950 presidential address to the American Psychological Association. En S. G. Isaksen (Ed.) *Frontiers of creativity research: Beyond the basics* (págs. 33-45). Buffalo (Nueva York): Bearly Limited.

Guilford, J. P. (1950). Creativity. *American Psychologist*, 5, 444-454.

Robinson, K. (febrero, 2006). Ken Robinson: *How schools kill creativity* [Archivo de vídeo]. Obtenido de http://www.ted.com/talks/ken_robinson_says_schools_kill_creativity

Instituto de Estadísticas de la Unesco (septiembre, 2014) Hoja de datos UIS. Obtenida de http://www.uis.unesco.org/literacy/Documents/fs-29-2014-literacy-en.pdf

12–13 CREATIVIDAD ES CAMBIAR DE PERSPECTIVA

E. Paul Torrance definía la creatividad como "el proceso de sentir las dificultades, los problemas, la falta de información, los elementos ausentes, que algo está torcido: haciendo suposiciones y formulando hipótesis sobre las deficiencias observadas; evaluando y probando estas suposiciones e hipótesis; posiblemente revisándolas y probándolas de nuevo y finalmente comunicando los resultados" (Torrance, 1998, pág. 47). Plantear la creatividad como un proceso para resolver problemas, tal y como lo definió Torrance, nos presenta otra forma de ver que todas las personas son creativas.

Torrance, E. P. (1969). *Creativity*. San Rafael (California): Dimensions Publishing Company.

Torrance, E. P. (1988). The nature of creativity as manifest in its testing. En R.G. Sternberg (Ed.), *The nature of creativity: Contemporary perspectives*. Nueva York (Nueva York): Cambridge University Press.

14–15 CREATIVIDAD ES PENSAR

La definición más conocida de creatividad se enfoca en dos calificadores: novedad y utilidad. Estas palabras fueron inicialmente propuestas por Mo Stein en 1953: "El trabajo creativo es un trabajo novedoso que es aceptado como sostenible o útil o satisfactorio por un grupo en un momento dado del tiempo ..." (pág. 311). ¿Quién define originalidad y utilidad? Stein decía que se debían considerar medidas tanto internas como externas. Por lo tanto, la creatividad puede ser juzgada como útil a nivel personal o a nivel social. Recientemente, algunos académicos han sustituido la palabra "valioso" por la de "útil" cuando definen creatividad (Puccio, Reisman, & Matson, 2014).

creatividad es pensar

Puccio, G. J., Reisman, F., & Matson, J. V. (Panel). (11 de septiembre, 2014). *Teaching creativity* [emitido por la radio]. En Marty Moss-Coane (Productor), Filadelfia (Pensilvania): Radio Nacional Pública. Obtenido de http://whyy.org/cms/radiotimes/2014/09/11/teaching-creativity/

Runco, M.A., & Jaeger, G. J. (2012). The standard definition of creativity. *Creativity Research Journal*, 24(1), 92-96.

Stein, M. I. (1953). Creativity and culture. *Journal of Psychology*, (36), 311–322.

16–17 CREATIVIDAD ≠ LAS ARTES

Mark Runco escribió que existe un "sesgo del arte" que limita nuestro entendimiento sobre la creatividad. Su investigación ha demostrado que tanto padres como profesores tienden a tener creencias erróneas, tales como pensar que todos los niños creativos son artísticos. Runco advirtió que es importante saber que la creatividad atraviesa todas las disciplinas; si lo limitamos al contexto del arte, nos perdemos la oportunidad de desarrollar el potencial creativo sobre una base más amplia de personas (Runco, 2007).

Runco, M.A. (2007). *Creativity: Theories and themes: Research, development, and practice.* Detroit (Michigan): Thomson Gale.

18–19 CREATIVIDAD ES LIBERTAD

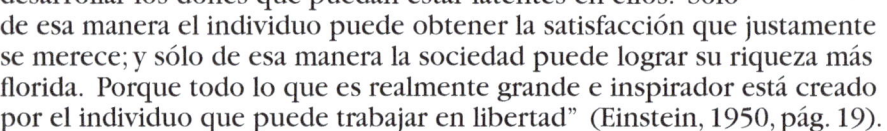

Einstein se refería a menudo al poder del pensamiento individual y esto puede verse en el contexto de su célebre frase: "…Todos los individuos deben tener la oportunidad de desarrollar los dones que puedan estar latentes en ellos. Sólo de esa manera el individuo puede obtener la satisfacción que justamente se merece; y sólo de esa manera la sociedad puede lograr su riqueza más florida. Porque todo lo que es realmente grande e inspirador está creado por el individuo que puede trabajar en libertad" (Einstein, 1950, pág. 19).

Comenzando en los años 1970, Teresa Amabile ha investigado las motivaciones que están detrás de la creatividad. Ella concluyó que la motivación intrínseca (en vez de la extrínseca) es esencial para la creatividad. Su trabajo se basa en el de Carl Rogers (1954), que sostiene que la libertad para regular internamente los intereses creativos es esencial para la creatividad. Amabile (1998) nombró la libertad como una de las condiciones ideales para apoyar la creatividad en el entorno laboral.

Amabile, T. (Septiembre, 1998). How to kill creativity. *Harvard Business Review.* Obtenido de https://hbr.org/1998/09/how-to-kill-creativity/ar/1

Einstein, A. (1950). *Out of my later years.* Nueva York (Nueva York): Citadel Press.

Ekvall, G. (1983). Climate, structure and innovativeness in organizations: A theoretical framework and an experiment. *Report 1.* Estocolmo (Suecia): Faradet.

Rogers, C. (1954). Towards a theory of creativity. *ETC: A Review of General Semantics,* 11, 249-260.

20–21 LA CREATIVIDAD ES ESENCIAL

Torrance y varios de sus colegas profesionales (Torrance, Rush, Kohn, & Doughty, 1957) realizaron el estudio de pilotos de guerra para la Escuela de Supervivencia de la Fuerza Aérea Norteamericana en los años 1950. Reflexionando sobre esa experiencia, Torrance (2003) escribió: "Encontré ahí mi primera, y en gran medida la mejor, definición de 'creatividad'. En la Escuela de Supervivencia, se preparaba a los pilotos para sobrevivir en condiciones de emergencia y situaciones extremas, para las que no disponían de un comportamiento previamente aprendido o practicado… En el estudio de pilotos de guerra interceptados, conocí al grupo de hombres más creativos que jamás me he encontrado" (pág. 53). Una de las conclusiones a las que llegó Torrance con su estudio fue que la resolución creativa de problemas debe ser parte del entrenamiento de supervivencia (Torrance, 1984).

Torrance, E. P. (1984). The role of creativity in identification of the gifted and talented. *Gifted Child Quarterly*, 28(4), 153-156.

Torrance, E. P. (2003). The millenium: A time for looking forward and looking back. *Illinois Association for Gifted Children Journal*, 53-59.

Torrance, E. P., Rush, Jr., C.H., Kohn, H. B., & Doughty, J. M. (1957). *Factors in fighter-interceptor pilot combat effectiveness*. Base de la Fuerza Aérea en Lackland (Texas): Centro de Mando Aéreo para Investigación y Desarrollo.

22–23   LA CREATIVIDAD ES PERSONAL

El hombre que llamó a estudiar científicamente la creatividad allá por los años 1950, J. P. Guildford (1977), declaró: "Conociendo la naturaleza de tus habilidades, te será posible aplicarlas cuando las necesites y aprenderás a ejercitarlas con el fin de fortalecerlas" (pág. 12). Esto resalta el mensaje de que ser consciente de las fortalezas e identificarlas es importante. La Investigación Agradecida es un método que se construye sobre las fortalezas para ser un catalizador del cambio. Fue inicialmente desarrollado como un proceso para gestionar el cambio en las empresas y puede ser aplicado a muchas situaciones de resolución de problemas. (Whitney & Cooperrider, 2005).

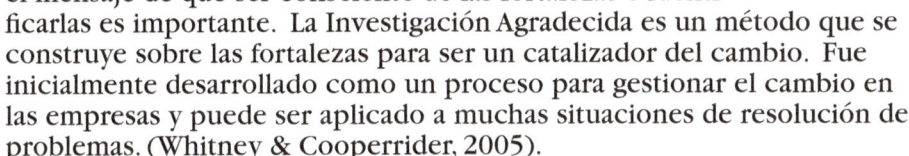

Guilford, J. P. (1977). *Way beyond the IQ: Guide to improving intelligence and creativity*. Buffalo (Nueva York): Creative Education Foundation.

Whitney, D., & Cooperrider, D. L. (2005). *Appreciative Inquiry: A positive revolution in change*. San Francisco (California): Berrett-Koehler Publishers.

24–25   TU CREATIVIDAD

Feldhusen y Hobson (1972) comentaron, "La investigación sobre la creatividad ha enfatizado el comportamiento creativo como una función cognitiva. Poca atención se le ha dado al afecto –a los sentimientos y a las emociones. El trabajo de Torrance, Wallach y Kogan, así como el de Getzels y Jackson, sugiere no obstante, que el pensamiento creativo es más que conocimiento. El pensamiento creativo también incluye sentimientos, emociones, actitudes y valores. Los programas para potenciar el pensamiento creativo debieran desarrollar estos componentes afectivos" (pág. 148). Existen tres habilidades/disposiciones/actitudes fundamentales que son esenciales para la creatividad: apertura a lo novedoso, tolerancia a la ambigüedad y tolerancia a la complejidad. Estas tres habilidades afectivas constituyen la base de cada etapa en la resolución creativa de problemas: "ser consciente, soñar, sentir las deficiencias, jugar, evitar cerrar temas de un modo prematuro, sensibilidad hacia el entorno y tolerancia a los riesgos" (Puccio, Mance, & Murdock, 2011, pág. 73).

Feldhusen, J. F., & Hobson, S. K. (1972). Freedom and play: Catalysts for creativity. *The Elementary School Journal*, 73(3), 148-155.

Puccio, G. J., Mance, M., & Murdock, M. C. (2011). *Creative leadership: Skills that drive change*. (segunda edición). Thousand Oaks (California): Sage Publications.

26–27 CARACTERÍSTICAS

Estudios sobre creadores eminentes nos ayudan a reconocer comportamientos creativos en nosotros mismos para que podamos practicarlos y fortalecer nuestra creatividad. MacKinnon (1962) fue un pionero en la investigación sobre la creatividad, cuya intención era entender mejor las características creativas para que pudiesen ser estimuladas y cultivadas desde una edad temprana.

Davis (2004) realizó una amplia revisión literaria, clasificando cientos de adjetivos y descripciones sobre las cualidades de la personalidad creativa en dieciseis categorías principales: consciente de la creatividad, original, independiente, asume riesgos, mucha energía, curiosidad, sentido del humor, capacidad para la fantasía, atraído a la complejidad o a la ambigüedad, artístico, mente abierta, exhaustivo, necesita tiempo solo, perceptivo, emocional y ético (pág. 84). No todos manifiestan todas las categorías, pero estas agrupaciones sintetizan las características recurrentes de la gente creativa.

Davis, G. (2004). *Creativity is forever.* Dubuque (Iowa): Kendall-Hunt.

MacKinnon, D.W. (1962). The nature and nurture of creative talent. *The American Psychologist,* 17(7), 484-495.

28–29 APROVECHANDO LAS FORTALEZAS EN EL TRABAJO

Teresa Amabile ha realizado investigaciones importantes sobre las condiciones que fomentan emociones, motivaciones y actitudes positivas en los empleados. Amabile y Kramer (2011) descubrieron que el factor más importante es "progresar en un trabajo que aporte algo significativo" (pág. 77). Lo que llaman "el principio del progreso" está relacionado con ir consiguiendo pequeñas victorias. El trabajo de Amabile y Kramer ha demostrado que cuantas más pequeñas victorias experimente la gente, mayor será su productividad creativa.

Amabile, T., & Kramer, S. (2011). *The progress principle.* Boston (Massachusetts): Harvard Business Review Press.

30–31 PRACTICAR LA CREATIVIDAD

Un reciente estudio meta-analítico por Scott, Leritz, & Mumford (2004) encontró que los programas de formación creativa bien diseñados llevaban a una mayor producción creativa. El Proyecto de Estudios Creativos informa sobre décadas de investigación que demuestra que la creatividad puede ser desarrollada cuando se la cultiva deliberadamente (Parnes, 1987).

Muchos investigadores han defendido que la curiosidad enciende la chispa de la creatividad. Uno de los pioneros en la investigación sobre la curiosidad, Daniel E. Berlyne (1960), dividió la curiosidad en cuatro categorías: 1). el deseo de conocer 2). el deseo de probar, experimentar y sentir 3). buscar lo novedoso y el reto 4). investigar la incertidumbre o la complejidad. Reconocerás en éstas categorías elementos que dan base a la creatividad. Una fuerza significativa que está detrás del éxito académico y de la invención es la curiosidad intelectual (Harvey, 2015; Von Stumm, Hell, & Chamorro-Premuzic, 2011).

Berlyne, D. E. (1960). *Conflict, arousal, and curiosity*. Nueva York (Nueva York): McGraw-Hill.

Harvey, J. (2015). Is curiosity a first step to explain creativity? En Culpepper, M. K., & Burnett, C. (Eds.), *Big questions in creativity* 2015. Buffalo (Nueva York): ICSC Press.

Parnes, S. (1987). The creative studies project. En Isaksen, S. (Ed.), *Frontiers of creativity research: Beyond the basics* (págs. 156-188). Buffalo (Nueva York): Bearly Limited.

Scott, G. M., Leritz, L. E., & Mumford, M. D. (2004). The effectiveness of creativity training: A meta-analysis. *Creativity Research Journal*, 16, 361-388.

Von Stumm, S., Hell, B., & Chamorro-Premuzic, T. (2011). The hungry mind: Intellectual curiosity is the third pillar of academic performance. *Perspectives on Psychological Science*, 6(6), 574-588.

32–33 APERTURA

La definición de creatividad ofrecida por Ruth Noller muestra que el conocimiento, la imaginación y la evaluación no pueden escapar de los efectos positivos de una actitud receptiva, la cual comienza con una postura de apertura. La fórmula de Noller es Cr = fa(Co, I, E), o, "la Creatividad es una función del Conocimiento, la Imaginación y la Evaluación, reflejando una actitud interpersonal hacia el uso beneficioso y positivo de la creatividad" (Isaksen, Dorval, & Treffinger, 2010, pág. 5; Noller, 2001).

$$Cr = f_a(Co, I, E)$$

Isaksen, S. G., Dorval, B. K., & Treffinger, D. J. (2010). *Creative approaches to problem solving: A framework for innovation and change* (tercera edición). Thousand Oaks (California): Sage.

Noller, R. B. (2001). Dr. Ruth B. Noller: Contributions to Creativity. *International Center for Studies in Creativity (ICSC) Founder Talks. [Fichero de video]. Buffalo (Nueva York).

34–35 INVESTIGAR

Jacob Getzels definió investigar como "encontrar problemas" (Getzels, 1982; Getzels & Csikszentmihalyi, 1976). Él creía que el elemento más importante para la creatividad era el de definir el problema planteando las preguntas correctas. Sidney Parnes, otro pionero en la creatividad aplicada, también defendía que formular adecuadamente la pregunta al problema es clave. Sugiere comenzar con "¿Cómo se podría . . . ?" para formular preguntas abiertas al reto en cuestión (Parnes, 1967, pág. 125). Más recientemente, Anna Craft (2000) definía el "pensamiento de posibilidades" y le llamaba el "motor" de la creatividad. Una pregunta que abre "posibilidades amplias" es algo parecido a "¿Qué pasaría si . . . ?", y ella creía que era importante plantear estas preguntas a los estudiantes al mismo tiempo que se le da amplia libertad y tiempo para explorar distintas opciones (Chappell, Craft, Burnard, & Cremin, 2008).

Getzels, J.W. (1982). The problem of the problem. En R. Hogarth (Ed.), *New directions for methodology of social and behavioral science: Question framing and response consistency* (págs. 37-49). San Francisco (California): Jossey-Bass.

Getzels, J.W. & Csikszentmihalyi, M. (1976). *The creative vision: A longitudinal study of problem finding in art.* Nueva York (Nueva York): John Wiley & Sons, Inc.

Parnes, S. J. (1967). *Creative behavior guidebook*. Nueva York (Nueva York): Scribner.

Chappell, K., Craft, A., Burnard, P., & Cremin, T. (2008). Question-posing and question-responding: The heart of 'Possibility Thinking' in the early years. *Early Years: An International Journal of Research and Development*, 28(3), 267-286.

Craft, A. (2000) *Creativity across the primary curriculum: Framing and developing practice.* Londres (Reino Unido): RoutledgeFalmer.

36–37 ENCONTRAR EL SIGNIFICADO

Cuando encontramos el sentido y el significado a lo que hacemos, somos capaces de conectar con algo más grande que nosotros mismos pero no necesariamente fuera de nosotros mismos. Personas creadoras con experiencia, como Einstein, a menudo confiaban en su intuición como guía. Einstein manifestó: "A [algunas de] las leyes fundamentales no se llega por un camino lógico, sino sólo con intuición, enriquecida cuando está en contacto solidario con la experiencia" (Holton, 1988, pág. 375).

Holton, G. J. (1988). *Thematic origins of scientific thought: Kepler to Einstein.* Boston (Massachusetts): Harvard University Press.

38–39 ENCONTRAR EL SIGNIFICADO ENCIENDE LA CHISPA DEL ÉXITO

Torrance y Safter (1999) escribieron sobre profesores que utilizaban "soluciones de cambio de segundo orden" para ayudar a sus estudiantes a superar dificultades de lectura: "Los profesores no hacían un ataque directo sobre la lectura ..." (pág. 6). Las soluciones típicas tales como la intervención lectora ya se habían probado, sin éxito. Los profesores que acabaron ayudando a los niños trabajaban desde la perspectiva de las fortalezas. Eran capaces de profundizar más para encontrar el reto real, de probar soluciones totalmente diferentes y se obtuvo más que éxito en la lectura: hubo comportamientos y actitudes que cambiaron y los estudiantes se involucraron más y tuvieron más éxito.

En resumen, hay tres directrices principales que ayudan a desarrollar soluciones de cambio de segundo orden: 1). mira fuera de la situación del problema, o estructúralo de otra forma 2). redacta de nuevo la pregunta, como por ejemplo, "¿Cuáles serían todas las formas posibles para inspirar a éste estudiante a involucrarse con las palabras?" 3). aléjate del "más de lo mismo" e intenta algo totalmente nuevo

(Torrance & Safter, 1999, pág. 8). El principio fundamental detrás de las soluciones de cambio de segundo orden es conectar a los estudiantes con aquello que tenga significado o sentido para ellos.

Torrance, E. P., & Safter, H. (1999). *Making the creative leap beyond* …Amherst (Massachusetts): Creative Education Foundation Press.

40–41   LA CREATIVIDAD SE HACE MÁS FÁCIL

Kaufman y Beghetto desarrollaron el Modelo de las Cuatro C de la Creatividad para enfatizar el hecho de que si bien todo el mundo es creativo, no toda la creatividad está en la misma escala. Ellos definieron las siguientes cuatro categorías de la creatividad: mini-c: aspectos personales de creatividad, aprendizaje transformacional, intuiciones creativas; pequeña-c: innovaciones diarias por gente no experta; Pro-c: expertos profesionales pero no al nivel de eminencia; Gran-C: contribuciones eminentes a nivel social, validadas por la historia (Kaufman & Beghetto, 2009).

Aprender de personas de reconocido prestigio sobre sus características creativas puede robustecer nuestros propios esfuerzos e inspirarnos a perseverar. Las características comunes entre los creadores eminentes son la visión, la valentía, la independencia y la resistencia. Hay otros ejemplos, pero Smutny y von Fremd (2014) hicieron un trabajo particularmente bueno resaltando la importancia de estas características en una selección de viñetas sobre mujeres famosas.

Kaufman, J. C., & Beghetto, R. A. (2009). Beyond big and little: The Four C Model of Creativity. *Review of General Psychology*, 13(1), 1-12.

Smutny, J. F., & von Fremd, S. E. (2014). *The lives of great women leaders and you*. Unionville (Nueva York): Royal Fireworks Press.

42–43   TENER VISIÓN NOS HACE AVANZAR

Torrance (1987) presentó su estudio longitudinal que ahora ya ha continuado durante más de 50 años. Demostró que la visión de la gente sobre su futuro era un predictor significativo del rendimiento creativo. El pensamiento visionario es un componente esencial de la creatividad. El estado de sueño nos pone en una actitud de lograr lo que imaginamos y nos lleva a superar los obstáculos presentes. La visión nos ayuda a descubrir el significado, el sentido, la oportunidad, el potencial y la inspiración. Comenzar con frases como, "¿No sería genial si …?" puede encauzar nuestro camino hacia opciones visionarias (Puccio, Mance, & Murdock, 2011).

Puccio, G. J., Mance, M., & Murdock, M. (2011). *Creative leadership: Skills that drive change*. [segunda edición]. Thousand Oaks (California): Sage Publications.

Torrance, E. P. (1987). Future career image as a predictor of creative achievement in a 22-year longitudinal study. *Psychological Reports,* 60(2), 574.

44-45 ECOSISTEMA

En 1961, Mel Rhodes introdujo la idea de la creatividad como un sistema formado por varios componentes: la persona (quién), el proceso (cómo), la prensa/el entorno (dónde) y el producto (resultado). Cada uno de estos aspectos interactúa con los otros para formar un sistema que lleva al cambio creativo. A estos componentes se les llama las 4 P de la creatividad (Rhodes, 1961). Existe una representación actualizada y más detallada del sistema que se ha denominado el Modelo de Cambio Creativo (Puccio, Mance, & Murdock, 2011).

Puccio, G. J., Mance, M., & Murdock, M. C. (2011). *Creative leadership: Skills that drive change* (segunda edición). Thousand Oaks (California): Sage Publications.

Rhodes, M. (1961). An analysis of creativity. *The Phi Delta Kappan*, 42(7), 305-310.

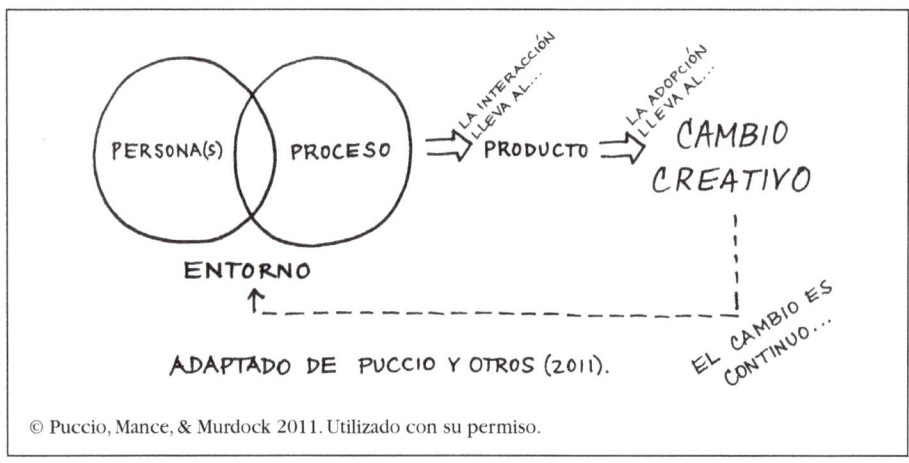

ADAPTADO DE PUCCIO Y OTROS (2011).

© Puccio, Mance, & Murdock 2011. Utilizado con su permiso.

46-47 ECOSISTEMAS POSITIVOS

Basado en el Modelo de Cambio Creativo y en el trabajo original de Mel Rhodes (ver las notas sobre las páginas 44-45), el Modelo de Ecosistemas de Aprendizaje Creativo (Haydon, 2015) muestra a los educadores cómo la creatividad puede ser utilizada para lograr un aprendizaje profundo, riguroso y con éxito para el estudiante. Cada una de las 4 P originales de la creatividad está representada en términos educativos: Personas: actitudes y perspectiva de profesores, estudiantes y padres; Proceso: curriculum y metodologías de enseñanza; Prensa (Entorno): prácticas de gestión del aula y del espacio físico; Producto: ideas y conocimiento aplicado (Haydon, 2015).

Haydon, K. P. (2015). What if we view our education system as an ecosystem? En Culpepper, M. K., & Burnett, C. (Eds.), *Big questions in creativity 2015*. Buffalo (Nueva York): ICSC Press.

48–49 GENTE

Muchos investigadores se han encontrado con que, desafortunadamente, la sociedad tiende a tener un sesgo contra la gente creativa (Csikszentmihalyi, 2013; MacKinnon, 1978). A alguna gente le sorprende descubrir que varias investigaciones han revelado que los profesores "normalmente ven al estudiante ideal como aquel que es obediente y conformista" (Beghetto, 2010, pág. 454).

Beghetto, R.A. (2010). Creativity in the classroom. En Kaufman, J. C., & Sternberg, R. J., (Eds.), *The Cambridge handbook of creativity* (págs. 447-463). Nueva York (Nueva York): Cambridge University Press.

Csikszentmihalyi, M. (2013). *Creativity: The psychology of discovery and invention* (nueva edición). Nueva York (Nueva York): Harper Perennial.

MacKinnon, D.W. (1978). *In search of human effectiveness: Identifying and developing creativity.* Buffalo (Nueva York): Bearly Limited.

50–51 FORTALEZAS MAL ETIQUETADAS

E. Paul Torrance comenzó enseñando en una escuela para chicos que tenían dificultades de disciplina. Se dio cuenta de que la chispa especial que notó en los chicos era la de la creatividad. Muchos de esos chicos llegaron a hacer grandes cosas más adelante en su vida, pero en la escuela y en casa sus fortalezas eran malentendidas y no eran potenciadas. Como psicólogo que trabajó en el campo de la creatividad y de la educación a niños dotados, Torrance se aventuró a ampliar la definición de personas dotadas para incluir a la gente creativa que era malentendida o que no era debidamente reconocida por ser minoría (Cramond, 2013; Millar, 1995). Otros académicos también han intentado expandir la definición de inteligencia más allá del tradicional test de Coeficiente Intelectual. La creatividad es normalmente un factor en estas definiciones. Por ejemplo, la Teoría de la Inteligencia Humana de Robert Sternberg (1984, 1997) incluye la inteligencia analítica, la inteligencia creativa y la inteligencia práctica. Más recientemente, Scott Barry Kaufman (2013) propuso la Teoría de la Inteligencia Personal: "La inteligencia es la interacción dinámica entre lo que uno se involucra y las habilidades que utiliza para alcanzar objetivos personales" (pág. 302).

La lista de cualidades creativas y de sus interpretaciones negativas que aparece en la página 50 está influenciada por el trabajo de Davis (2004).

Cramond, B. (2013). The life and contributions of E. Paul Torrance. En E. Romey, (Ed.) *Finding John Galt: People, politics, and practice in gifted education* (págs. 25-31). Charlotte (Carolina del Norte): Information Age Publishing.

Davis, G. (2004). *Creativity is forever.* Dubuque (Iowa): Kendall-Hunt Publishing.

Kaufman, S. B. (2013). *Ungifted.* Nueva York (Nueva York): Basic Books.

Millar, G.W. (1995). E. Paul Torrance: The creativity man. Norwood (Nueva Jersey): Ablex Publishing.

Sternberg, R. J. (1984). *Beyond IQ: A triarchic theory of human intelligence*. Nueva York (Nueva York): Cambridge University Press.

Sternberg, R. J. (1997). *Successful intelligence: How practical and creative intelligence determine success in life*. Nueva York (Nueva York): Plume.

52–53 IDEAS

El pensamiento divergente, o la generación de ideas, tiene varios sub-componentes: fluidez, flexibilidad, originalidad y elaboración. Fluidez es la habilidad de generar muchas ideas y alternativas, no sólo unas pocas. Parnes (1961) fue el primero en probar—a través de un estudio de investigación—que durante la generación de ideas, aquellas que son obvias salen primero, las buenas ideas surgen después, pero las ideas más novedosas surgen durante el último tercio. En otras palabras, cuantas más ideas se generen, más posibilidades hay de que surja una que sea única.

Parnes, S. J. (1961). Effects of extended effort in creative problem solving. *Journal of Educational Psychology,* 52(3), 117-122.

54–55 EXPRESIÓN

Puede sonar anti-intuitivo considerar que gente creativa bien conocida tenga rutinas bien establecidas. Esto les hace reservar tiempo y espacio para la expresión de sus ideas. Lo principal que tienen en común las rutinas de estas eminencias es que cada enfoque es altamente individualizado, adaptado a las necesidades y a las preferencias particulares de esa persona.

Currey, M. (2014). *Daily rituals: How artists work.* Nueva York (Nueva York): Alfred A. Knopf.

56–57 CUIDAR LAS IDEAS

El simple acto de dedicar tiempo por separado para el pensamiento divergente (la generación de ideas) y para el convergente (la evaluación de ideas) es una potente herramienta para mejorar y practicar la creatividad. Alex Osborn, socio y "O" de la agencia de publicidad neoyorquina BBDO, inventó la generación de ideas tras observar que en su empresa, muchas buenas ideas no tenían ninguna posibilidad de sobrevivir desde un principio. Estudió la forma en la que se generaban y se proponían las ideas por los distintos equipos de su organización, e ideó estrategias para ayudar a aumentar la posibilidad de que las buenas ideas llegasen a concretarse.

Osborn definió cuatro directrices para tener sesiones efectivas de generación de ideas: guarda tus valoraciones para más tarde, invita a generar ideas locas, esfuérzate en generar una gran cantidad de ideas y combina y construye sobre las ideas de otros (Osborn, 1953). Con estas directrices, aconsejó que la evaluación de las ideas debería ocurrir después de la generación de ideas. Según su experiencia trabajando con cientos de sesiones de generación de ideas, la crítica o la evaluación de ideas durante el pensamiento divergente limitaba seguir compartiendo ideas. El objetivo del trabajo de Osborn era proporcionar –a aquellos que se enfrentaban a la necesidad de colaborar– las herramientas para aprovechar las contribuciones de cada miembro del equipo y para minimizar el potencial de ideas rechazadas, antes de que pudieran ser completamente examinadas.

Osborn, A. F. (1953). *Applied imagination*. Nueva York (Nueva York): Charles Scribner's Sons.

58–59 JUZGAR IDEAS

El pensamiento convergente es un proceso evaluativo, cuando las ideas se valoran y se eligen. Isaksen & Treffinger (1985) propusieron las siguientes pautas para el pensamiento convergente: Sé afirmativo. Pregunta, "¿qué es lo bueno de ésta idea?" Sé deliberado. Dale una oportunidad a todas las ideas. Revisa tus objetivos. Mantén siempre tu objetivo en mente. Mejora las ideas. Sé consciente de que algunas ideas pueden estar aún en fase de desarrollo; dedica tiempo a mejorarlas. Considera lo novedoso. No te cierres a ideas verdaderamente únicas; explora cómo podrían llegar a funcionar.

Isaksen, S.G., & Treffinger, D.J. (1985). *Creative Problem Solving: The basic course*. Buffalo (Nueva York): Bearly Limited.

60–61 COLABORACIÓN

La colaboración es una realidad de vida –en el trabajo, en la familia, en la escuela– y puede ser a menudo emocionante. Por otra parte, la creatividad individual es también importante. Osborn (1953) enfatizó la necesidad de generar primero ideas individualmente y después colaborativamente, especialmente durante la convergencia: "Para asegurar la máxima creatividad en un equipo de trabajo, cada colaborador debe tomarse tiempo para meditar en solitario. Al trabajar juntos, una pareja es más dada a alcanzar lo mejor del pensamiento creativo" (pág. 146). Lo que sugirió sobre el clima de pensamiento divergente consistente en postponer las valoraciones (sobre las ideas), en el juego informal y en la libertad psicológica va en paralelo con el trabajo de Ekvall (ver las notas de las páginas 64-65).

Osborn, A. F. (1953). *Applied imagination*. Nueva York (Nueva York): Charles Scribner's Sons.

62–63 PROCESO
Wallas (1926) fue el primero en presentar la creatividad en fases: preparación, incubación, iluminación y verificación. Más recientemente, Puccio, Mance y Murdock (2011) definieron una serie de siete pasos en el proceso intencionado de la Resolución Creativa de Problemas (RCP): evalúa la situación, explora la visión, define retos, explora ideas, genera soluciones, explora su aceptación y desarrolla un plan (pág. 73).

Puccio, G. J., Mance, M., & Murdock, M. (2011). *Creative leadership: Skills that drive change* (segunda edición). Thousand Oaks (California): Sage Publications.

Wallas, G. (1926). *The art of thought*. Nueva York (Nueva York): Harcourt, Brace & Company.

64–65 ENTORNO
Göran Ekvall es conocido por su trabajo en el que identifica y mide los climas organizativos que apoyan la creatividad y la innovación. Definió el clima organizativo como los "patrones recurrentes de comportamientos, las actitudes y los sentimientos que caracterizan la vida en una organización" (Ekvall, 1999). Las palabras de la foto en la página 64 son las 10 dimensiones del clima que repercuten sobre la creatividad en las organizaciones y pueden ser evaluadas utilizando el Cuestionario de Perspectiva Situacional de Ekvall (Isaksen, Lauer, & Ekvall, 1999). En resumen, están relacionadas con la confianza, el respeto, la libertad, la seguridad, el apoyo y la falta de presión negativa. Nueve de esas dimensiones son influencias positivas en un clima que incentiva la creatividad y el cambio, pero donde el conflicto (o las tensiones emocionales) es un inhibidor.

Ekvall, G. (1999). Creative climate. En M. A. Runco & S. R. Pritzker (Eds.), *Encyclopedia of Creativity*, Volume I, A-H. (págs. 403-412). San Diego (California): Academic Press.

Isaksen, S. G., Lauer, K. J., & Ekvall, G. (1999). Situational Outlook Questionnaire: A measure of the climate for creativity and change. *Psychological Reports*, 85, 565-574.

66–67 RESULTADO

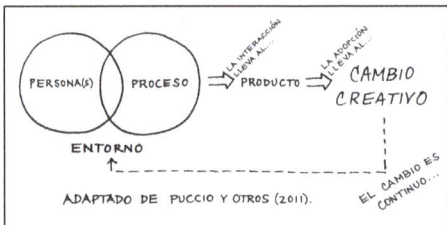

El resultado del proceso creativo normalmente se denomina "producto". Los productos creativos no necesariamente tienen que ser algo físico; pueden ser también reflexiones, soluciones y teorías. Para efectuar cambios, los resultados (productos) deben ser aplicados o implantados. Esto es lo que causa el cambio, también conocido como innovación

(Puccio, Mance, Switalski, & Reali, 2012).

Susan Besemer fue la punta de lanza de la mayor parte de la investigación inicial para evaluar productos creativos. Su Matriz de Análisis del Producto Creativo evalúa productos en tres dimensiones: Novedad (¿Qué originales son los conceptos, los procesos y los materiales utilizados?); Resolución (¿Cuánto logró resolver el problema el producto en sí?); y Elaboración y Síntesis (¿Está el producto estilizado con mejoras y con elegancia?) (Besemer & O'Quin, 1987; O'Quin & Besemer, 1989).

Besemer, S.P., & O'Quin, K. (1987). Creative product analysis: Testing a model by developing a judging instrument. En S. G. Isaksen (Ed.), *Frontiers of creativity research*: Beyond the basics (págs. 341-357). Buffalo (Nueva York): Bearly Limited.

O'Quin, K., & Besemer, S. P. (1989). The development, reliability, and validity of the revised creative product semantic scale. *Creativity Research Journal*, 2(4), 267-278.

Puccio, G. J., Mance, M., Switalski, L., & Reali, P. D. (2012). *Creativity rising: Creative thinking and creative problem solving in the 21st century*. Buffalo (Nueva York): International Center for Studies in Creativity Press.

68–69 YENDO MÁS ALLÁ

Torrance escribió (1991), "La palabra 'masallá' no está en el diccionario de la lengua española, aunque casi todo el mundo parece entender su significado" (pág. 69). A través de su trabajo, identificó las diez características más comunes de un Masallá: 1). Deleitarse en el pensamiento profundo. 2). Tolerar los errores. 3). Querer el trabajo que uno hace. 4). Tener un objetivo claro. 5). Disfrutar del trabajo que uno hace. 6). Sentirse cómodo estando en minoría de ser sólo uno. 7). Ser diferente. 8). No ser polifacético.* 9). Sentirse en una misión. 10). Valentía para ser creativo (Torrance, 1995, pág. 152). Garnet Millar (2004) lo resumió así: "Ser un Masallá significa hacerlo lo mejor que puedes, ir más allá de donde ya has estado antes, e ir más allá de donde otros han ido" (pág. 1).

* Aquí, Torrance quería decir que no se debe prohibir a la gente explorar lo que les resulta de interés, debido a la presión de tener que "ser bueno en todo".

Millar, G.W. (2004). *The making of a Beyonder*. Bensenville (Illinois): Scholastic Testing Service, Inc.

Torrance, E. P. (1991). The beyonders and their characteristics. *Creative Child and Adult Quarterly*, 16, 69-79.

Torrance, E.P. (1995). *Why fly?* Norwood (Nueva Jersey): Ablex Publishing.

SOBRE LAS AUTORAS

Kathryn P. Haydon, fundadora de Sparkitivity, es una educadora innovadora que trabaja para cambiar el paradigma educativo hacia uno basado en las fortalezas de los estudiantes y en el pensamiento creativo. Busca darle la vuelta a la mentalidad del sólo-arréglalo preguntando "¿qué es lo que enciende a este niño y cómo podemos apoyarlo?" Kathryn es co-autora de *Descubriendo y desarrollando el talento en estudiantes de habla hispana** (Corwin, 2012), escribe para publicaciones sobre educación y creatividad y es una colaboradora habitual de *The Creativity Post*. También es una poeta con varias obras publicadas. Como ex-maestra, Kathryn fundó la Academia para Encender el Aprendizaje Creativo** en 2009 y Sparkitivity en 2012 para involucrarse con estudiantes "que no encajan" y apoyar a padres y a educadores que quieren verles tener éxito. Tiene un Máster de Ciencias en Creatividad, Resolución de Problemas Creativos y Liderazgo del Cambio del Centro de Estudios en Creatividad de la Universidad Estatal de Nueva York (SUNY) Buffalo State y una Licenciatura en Letras de Northwestern University, Chicago (Illinois). Para encender la creatividad en el aprendizaje, visite sparkitivity.com.

* Discovering and Developing Talents in Spanish-Speaking Students (Corwin, 2012)
** Ignite Creative Learning Studio

Jane Harvey es una artista perspicaz y es también diseñadora, reportera gráfica y facilitadora visual. Es una experta en creatividad valorada por su apertura, su empatía y su humor, así como por sus tres décadas de experiencia en diseño. Como 'creativa' en una compañía de la lista de Fortune 100, observó cómo la creatividad de la gente normalmente se infrautilizaba y se infravaloraba en las organizaciones. Además de su trabajo en diseño, Jane apoya y entrena a personas, empresas y estudiantes para avanzar en su pensamiento creativo y en la innovación. Obtuvo un Máster de Ciencias en Creatividad, Resolución de Problemas Creativos y Liderazgo del Cambio del Centro de Estudios en Creatividad de la Universidad Estatal de Nueva York (SUNY) Buffalo State y tiene una Licenciatura en Bellas Artes de Parsons School of Design (Nueva York). Por favor, visite visualtranslating.com para aprender más sobre el trabajo de Jane.

SOBRE LOS TRADUCTORES

Nacho Arrizabalaga González es un directivo internacional, con experiencia multi-sectorial. Nacido y criado en España, realizó sus estudios superiores en Estados Unidos y después ha trabajado en EEUU, México, Chile, España, República Checa y actualmente, en Dinamarca. En los últimos años se ha dedicado a transformar equipos y empresas. Lo ha hecho innovando los procesos, simplificando los sistemas de información y liderando organizaciones de forma creativa. Su foco ha estado puesto en transformar personas creando un entorno propicio para plantear retos, opciones y soluciones creativas a problemas históricos o complejos. Nacho tiene un MBA de Kellogg Graduate School of Management, Northwestern University, Chicago (Illinois).

Martha Chávez Negrete. Narradora y profesora universitaria. Ha realizado estudios de literatura en la Universidad Andina Simón Bolívar (Quito, Ecuador) y colaboró con traducciones para Oxfam-Ecuador. Su obra de ficción incluye *La memoria corre a mil*, 2008 (novela), *Uno de estos tristes días virtuales*, 2003 y *Precisando el sentido*, 1999 (cuento).

www.ingramcontent.com/pod-product-compliance
Lightning Source LLC
Chambersburg PA
CBHW040336300426
44113CB00021B/2763